ÉMILE PONTICH

NOUVELLES NOTES
SUR LA VIE

> Les femmes ne tendent qu'à nous ramener à la matière ; et c'est pour vouloir rester debout sur les sommets que l'on arrive à les haïr.

PARIS
LIBRAIRIE JULES ROUSSET
36, RUE SERPENTE

1900

NOUVELLES NOTES

SUR LA VIE

ÉMILE PONTICH

NOUVELLES NOTES
SUR LA VIE

> Les femmes ne tendent qu'à nous ramener à la matière ; et c'est pour vouloir rester debout sur les sommets que l'on arrive à les haïr.

PARIS
LIBRAIRIE JULES ROUSSET
36, RUE SERPENTE
1900

A MON AMI

RAOUL ARCHBOLD

> Qui sait à ce point se servir
> de la fortune, qu'il donne tous
> les jours aux riches une leçon.
> E. P.

NOUVELLES
NOTES SUR LA VIE

Il faut souhaiter, pour être heureux, d'avoir la vibration et l'inconscience des harpes.

C'est être d'une réelle valeur, que de savoir jusqu'à quel point on est éloigné du génie.

Les hommes les plus attristés ont fouillé trop les visages.

※

Quand on me parle bien de la religion, je me souviens bien mieux de ma grand'-mère.

※

Il est bon d'être fataliste, quand on estime peu sa vie.

La plupart des hommes ne sont heureux, que parce que les femmes leur jouent toujours la comédie.

Dans la vie, on est d'autant plus malheureux, qu'on sait mieux qui l'on est.

Celui-là est certainement supérieur aux autres, qui sent mieux l'étendue du mot éternité.

On dit à certains de fouiller leur âme qu'ils perdraient leur temps à chercher.

◦◦◦

Comment les pauvres d'esprit peuvent-ils mériter le ciel, en ayant eu la chance d'être les plus nombreux sur la terre ?

◦◦◦

Je suis à ce point devenu vieux, que je n'entends plus rien dire de nouveau sur les hommes.

Les jeunes gens seront d'autant plus heureux dans la vie, qu'ils auront moins de peine à ressembler aux autres.

De toujours s'éviter soi-même, semble être le but que chacun poursuit.

La raison ne vient à la femme, que lorsqu'elle n'est plus assez jeune pour pouvoir s'en passer.

On sait vraiment ce qu'est la vie, quand on n'a plus regret des projets avortés.

❧

Ceux dont la chance dure longtemps, sont les hommes politiques qui paraissent profonds.

❧

Au récit des passions humaines, il semble qu'on écoute ses propres cris.

C'est de chanter quand on est seul, qui prouve bien qu'on est heureux.

◦≶≷◦

Les hommes sont si bien la dupe des femmes, qu'on ne peut y penser qu'en riant.

◦≶≷◦

C'est en voyant ce qu'on est devenu, qu'on juge mieux de ce qu'on était autrefois.

On voit bien ce que peuvent les femmes, puisque les hommes les veulent émanciper.

⁂

Ce qui peut consoler de la mort, c'est de penser qu'on ne jouera plus la comédie.

⁂

La seule religion qui me convienne est celle que j'ai moi-même trouvée.

Il est certain que, pour acquérir de la sagesse, mieux vaut l'adversité que l'université.

⁂

Quand on croit être arrivé à posséder la vérité, on s'est débarrassé du plus lourd fardeau.

⁂

Les prières trop nettement exprimées ne peuvent pas être les meilleures.

Un homme pourra d'autant plus s'élever, qu'il se sentira plus affligé d'avoir mal agi.

La valeur d'un homme s'accroît, à mesure qu'il se sent plus isolé.

Une femme ne peut avoir d'autres qualités que celle d'être quelquefois jolie.

Il faut un très haut degré de sagesse, pour ne plus estimer que le repos.

Celui-là peut dire qu'il s'améliore qui passe plus inaperçu.

Les femmes ne disent pas de grossièretés, mais elles se montrent souvent grossières.

Pour être vraiment homme du monde, il faut, en étant bête, ne le paraître pas.

⁂

Le moraliste sait moins bien ce que vaut une femme, que le vétérinaire qui la regarde marcher.

⁂

N'est en droit d'avoir des loisirs, que celui qui peut se développer par la pensée.

La valeur des hommes peut se mesurer à leur pitié bien plus qu'à leur intelligence.

○≼❋≽○

On ne sent jamais plus la fatalité, que lorsqu'on se sent emporté par l'erreur.

○≼❋≽○

C'est le fait d'un homme stupide de ne s'être jamais repenti.

Alors que je suis seul à regarder passer les beaux nuages, les autres croient valoir plus que moi...

○≫≪○

Tant qu'on ne se fie qu'à sa raison, on n'atteint pas les profondeurs du vrai.

○≫≪○

Celui qui dit: « Je connais les femmes », doit s'en passer ou s'en amuser.

Combien souvent on a été ridicule, chacun peut le savoir en pensant à sa vanité.

◦≈◦

Beaucoup de gens se croient aimés, qui ne font qu'inspirer de la crainte.

◦≈◦

Souvent, pour paraître plus belle, une femme s'exposera hardiment au danger.

C'est une prétention que de se croire heureux tant qu'on n'arrive pas à sentir qu'on est bon.

※

C'est pour voir de plus belles choses que souvent on ferme les yeux.

※

On a d'autant plus l'expérience de la vie, qu'on met moins de temps à se résigner.

Tout homme d'un instinct sûr, n'a pas de doute sur l'infériorité de la femme.

A celui qui parvient à se consoler, on ne peut pas lui dire qu'il se trompe.

Tout ce qu'a fait un homme dans sa vie, il faut bien peu de temps pour le raconter.

L'égalité des sexes, ce qui prouve bien qu'elle ne doit jamais exister, c'est qu'elle n'a jamais eu lieu.

◦≺✦≻◦

J'ai toujours été haï de ceux qui sont rapaces, tant il est vrai que différence engendre haine.

◦≺✦≻◦

Il est inutile de se glorifier de sa valeur, si l'on est impuissant à laisser une œuvre qui l'atteste.

Celui que je ne puis sentir, ne peut pas être mon semblable.

○≼❋≽○

Beaucoup se flattent d'avoir fait le bien, qui n'y furent contraints que par les circonstances.

○≼❋≽○

Il y a des jouets pour tous les âges ; les hommes ont les femmes pour s'amuser.

La destinée de certains est de n'avoir à combattre que des fantômes.

❃

Il faut plaindre les malheureux pour n'avoir pas eu notre chance.

❃

Les hommes supérieurs sont trop fortement accusés dans leur nature, pour suivre une autre éducation que celle qu'ils se sont donnée eux-mêmes.

L'impartiale justice ne vient jamais qu'avec l'impartiale mort.

◦⊰❈⊱◦

Personne ne devrait être esclave, mais la plupart en doivent avoir l'occupation.

◦⊰❈⊱◦

L'avantage qu'on a de s'améliorer, c'est qu'on trouve les choses plus belles.

Même en ayant beaucoup pensé à soi, on quittera la vie sans savoir qui l'on est.

◦※◦

Lorsqu'on sait qu'au fond on est bon, on se console de ses fautes.

◦※◦

J'ai un si vif dégoût de la banalité, que je trouve les hommes horribles de ressemblance.

La femme peut-elle à ce point s'élever, qu'elle puisse plutôt dominer par l'esprit que par son sexe ?

⁕

Toute femme qui ne pense pas du mal d'elle ferait bien de se reconnaître un peu.

⁕

Certains poussent à ce point la prévoyance, qu'ils vont jusqu'à rechercher les bonnes impressions pour en jouir dans l'avenir.

Tout homme qui veut s'élever, doit s'affranchir de l'esprit positif de la femme.

⁂

C'est une prétention que de vouloir connaître, on ne doit jamais aspirer qu'à sentir.

⁂

N'ayant jamais vécu que dans la fausseté, certaines femmes croient que d'avoir de la franchise les ferait paraître comme nues.

Il n'y a jamais eu de séducteurs parmi les hommes ; les femmes ont toujours ce rôle-là.

※

C'est en ne parlant pas de ses bonnes actions qu'on arrive à faire croire qu'on a toujours bien agi.

※

Vivre de la vie qui ne finit jamais, c'est là seulement ce que j'appelle vivre.

Certains sont tellement avides, que la chance la plus excessive ne pourrait les rendre confus.

○❈○

La vie dans sa plus grande intensité, nous ne pouvons la goûter que dans le plus grand calme.

○❈○

Même lorsqu'on est l'homme le plus léger, on a moins de frivolité que la plus sérieuse des femmes.

De très vifs repentirs font qu'on ne s'ennuie pas.

※

Le mal que l'on trouve dans la nature, sachez qu'il n'est tel que pour nous.

※

Quand un homme est toujours gai, on peut être assuré qu'il s'ignore.

La femme qui mérite qu'on se donne à elle, on est certainement un fou quand on arrive à la trouver.

⁂

Si les peintures des maîtres pouvaient un jour s'animer, peut-être un jour deviendrais-je amoureux.

⁂

C'est prendre les masques pour des visages, que de juger les hommes sur leur réputation.

Le besoin d'être consolé fait que chacun parvient à découvrir sa chimère.

◦≋◦

A ceux qui n'existent que pour procréer, il ne faut point reprocher de toujours parler femmes.

◦≋◦

Si bon que soit un homme riche, il est fort éloigné d'être un saint.

L'homme d'esprit est comme d'autres, le sot comme les autres.

⁕

Dans les moments où je me trouve heureux, je ne me souviens pas d'avoir mal agi.

⁕

On peut aimer à ce point le sommeil, qu'on n'ait même plus la crainte de mourir.

Il y a des hommes supérieurs, et ceux-là chercheront vainement leur compagne.

○✼○

On conçoit Dieu d'autant plus grand, qu'on est moins porté à le définir.

○✼○

Avec les femmes, le moyen de ne pas ennuyer, c'est de toujours se montrer futile.

Ce qui frappe le plus quand on perd celle qu'on aime, c'est de voir que rien n'est changé ici-bas.

❦

Moins votre amour peut s'élever, et moins on a de crainte qu'il ne dure.

❦

On dénigre d'autant plus l'humanité, qu'on est plus capable d'admiration pour un homme.

Je suis maintenant assez vieux pour n'entendre plus conter que les mêmes histoires.

⁕

Le fait de n'être plus un enfant, fait qu'on peut taxer nos actions de folie.

⁕

On arrive souvent à la foi avec l'âge, quand on s'est toujours cru beaucoup de qualités.

Tant que les femmes ne sont qu'entre elles, leur vie s'écoule dans la torpeur.

Celui qui croit s'être vaincu, ne le croit jamais qu'un moment.

A voir grossir le nombre des grotesques, on voit jusqu'à quel point la fortune est divisée.

Je souffre assez de mes travers, pour croire que les autres en ont plus.

Ils savent seuls observer les femmes, ceux que les singes n'amusent plus.

Pour avoir trop de bonté dans leurs yeux, des chiens m'ont fait souvent baisser la tête.

On doit subir avec le temps l'humiliation d'oublier ses malheurs.

※

Le fait d'aspirer aux honneurs, prouve qu'on n'est pas parmi ceux qui s'estiment le plus.

※

Qui se croit assez peu coupable pour ne pas mériter de souffrir ?

Lorsqu'on ne sait même pas qu'on n'est rien, on est bien moins encore.

○❈○

Se peut-il qu'une femme soit incomplète au point de n'avoir pas tous les défauts ?

○❈○

On sait jusqu'à quel point les hommes peuvent devenir féroces, si l'on est souvent poussé à leur dire la vérité.

Toute femme est née pour vivre dans la contrainte ; et celle qui veut s'émanciper, arrive vite à montrer qu'elle est folle.

◦※◦

Certains craignent tant d'être diminués, qu'on ne les voit s'occuper qu'à de petites choses.

◦※◦

Les femmes n'ont point d'autre but, dans la vie, que de s'amuser.

Quand on est mécontent de soi, c'est que l'on se voit mieux.

o≍⊰⊱≍o

Sans avoir jamais mené une vie solitaire, je ne crois pas qu'on puisse devenir quelqu'un.

o≍⊰⊱≍o

Ceux-là seulement sont mes semblables, en qui je sens la conscience du tout.

Quand on en veut beaucoup aux hommes, c'est qu'on oublie qu'ils sont légers.

◦✠◦

Semblables à ces canards à gros derrière qui font de vains efforts pour s'élever, les femmes qui parviennent facilement à s'instruire ne peuvent jamais arriver jusqu'à l'art.

◦✠◦

C'est moins par la logique qu'on reconnaît la vérité que par l'émotion qu'elle nous donne.

On ne se connaît bien que si l'on se sent seul.

※

Pour ne jamais dire que du bien des autres, je ne sais pas s'il en est d'assez bons.

※

Quelle femme n'est point désolée de ne pas plaire à tous les hommes ?

On fait très imparfaitement la charité, tant qu'on ne parvient pas à s'oublier soi-même.

⁂

Ceux qui se sont souvent sacrifiés, connaissent seuls la puissance des larmes.

⁂

Les femmes finiront à ce point par affadir les mœurs que tous les hommes ne tendront plus qu'à se pâmer dans leurs bras.

Certains ont pris une telle habitude de mentir, qu'ils sont souvent à se demander s'ils sont de bonne foi.

❋

Le cœur des femmes est un abîme,— même un abîme qui est sans fond.

❋

Quand on est préoccupé de s'élever, alors on peut sentir que l'on s'élève.

Les riches d'un petit pays sont toujours quelque peu grotesques.

○❈○

Avec les larmes des femmes, la colère des hommes se fond.

○❈○

Il y a bien de la différence entre les femmes, mais pas plus qu'entre les moutons.

Que rien des choses humaines ne mérite de l'empressement, personne ne le peut croire assez pour n'être plus tenté.

⁕

Pour me sentir entièrement isolé, j'aime à me croire indépendant de tout milieu.

⁕

Alors qu'on supprime les pièces de monnaie qui sont fausses, les femmes conservent leur valeur, parce qu'elles le sont toutes.

Rien ne m'affligerait plus que d'avoir une sotte mort.

⁕

La femme est la terre où le grain de de blé se développe, c'est l'homme seul qui fournit à la race. Seul, dans le phénomène de l'atavisme, le côté du mâle se reproduit.

⁕

N'étant point d'esprit paresseux, il me faut vivre loin des hommes.

Le fait de paraître sans défauts prouve qu'on n'est pas naturel.

o≼≽o

Peut-être que ce qui nous tourmente le plus dans le remords, c'est moins ce qu'on a fait que ce qu'on craint de faire.

o≼≽o

Alors qu'on sent plus la vie, on la croit éternelle.

Une femme se doutera-t-elle jamais que l'ensemble de sa personnalité est faite des trois quarts de son sexe ?

○❧○

Il arrive si souvent de déplaire, qu'on est contraint de s'y habituer.

○❧○

Si je me sens assez souvent inférieur, c'est que ma gaieté dépend surtout du soleil.

Même ceux qui aspirent le plus à la franchise, souvent malgré eux joueront la comédie.

◦✠◦

Quiconque voudrait compter ses péchés, aurait usé sa langue avant d'en avoir trouvé le nombre.

◦✠◦

Si l'on croit quelquefois qu'une femme est modeste, c'est qu'il est des moments où l'on est un peu sot.

Que la femme doive s'incliner devant l'homme, j'en suis à ce point convaincu que je me réjouis de n'être pas une femme.

⁕

L'homme d'un esprit tortueux est par lui-même torturé.

⁕

Le moyen de ne pas être oublié, c'est qu'une femme vous déteste.

On n'est susceptible de s'élever que lorsqu'on a la haine de tout milieu.

Le fait d'avoir beaucoup d'argent vous fait paraître avide.

Telle est la sensualité chez les femmes, que celle qui ne vous inspire aucun désir ne vous permet jamais d'être des familiers de sa maison.

Les femmes ne tendent qu'à nous ramener à la matière; et c'est pour vouloir rester debout sur les sommets que l'on arrive à les haïr.

○≼≽○

Peut-être qu'on ne doit pas se soucier de la manière dont on a vécu, et qu'il se peut que la vie de l'homme ne soit qu'une vaine agitation.

○≼≽○

On ne peut pas être un déterministe convaincu sans avoir un peu le dédain de soi-même, et à vouloir discuter avec un partisan du libre arbitre, on a bien plus de peine à se faire écouter.

Ceux qui sont les plus capables d'aimer n'ont pas perdu leur temps à réfléchir.

⚜

Par la manière dont certains savent sourire, ils atteignent plus sûrement leurs ennemis.

⚜

Bien heureux lorsque, en mourant, on n'a pas à essuyer des outrages.

Quand on ne dit que du bien des femmes, c'est qu'on ne craint pas de les aimer trop.

⁕

Un mari appellera sa femme sa moitié, alors qu'il n'est même pas pour elle son vingtième.

⁕

Quand on est plus souvent grossier avec les femmes, c'est une preuve qu'on les connaît mieux.

Si tu ne sais pas tout, que peux-tu donc prévoir ?

❧

C'est la preuve que vous n'avez rien appris, si vous n'êtes pas devenu meilleur.

❧

Il importe peu d'avoir tort, si l'on défend ce que l'on aime.

Les cœurs trop affamés de vie sont poussés malgré eux à rechercher la haine.

❦

On supporte aisément les sots, lorsqu'on les blague sur leur sottise.

❦

Ceux qui se croient le plus entourés d'envieux, recherchent ordinairement les honneurs.

Je suis d'autant plus attaché à mes ancêtres, que je juge par ma mélancolie qu'ils n'ont pas été heureux.

⁕

Peut-on ne croire à rien lorsqu'on meurt sans se plaindre ?

⁕

Tout homme qui devient vite familier avec les femmes, sait parler de manière à chatouiller leurs sens.

Aussi bien qu'en se frottant avec de la neige, avec une femme froide on arrive à se réchauffer.

※

La haine que l'esclave a pour son maître, est celle que les femmes ont pour nous.

※

Je m'éloigne d'autant plus de la vérité, que je me sens moins porté à agir.

Celui qui croit avoir fait ce qu'il a pu, arrivera un jour à en douter.

⁂

Qui vit en paix avec les hommes, leur sait aussi montrer les dents.

⁂

On ne peut être content de soi, qu'en se montrant tel que l'on est.

Quand un homme ne cesse de travailler, il ne faut pas espérer qu'il s'améliore.

⁂

Tout homme qui connaît les femmes, se sent en droit de les commander.

⁂

Tant est grande mon ambition, que j'en arrive à dédaigner tous les biens de la terre.

Si j'écris beaucoup de pensées, c'est que je tiens à savoir qui je suis.

⁕

Devant un homme très vertueux, une femme se trouve toujours un peu confuse.

⁕

Que de gens cessent d'être, qui n'ont jamais été.

Tant qu'on n'a point le sentiment de l'universel, on ne vit que de la vie des enfants.

◦❊◦

Il importe peu d'être maladroit, on plaît toujours quand on l'est avec grâce.

◦❊◦

Si tu sens que le ciel est avec toi, ne te laisse pas arrêter par des raisons.

La plupart se soucient assez peu du prochain, pour ne pas craindre de chanter devant des gens qui pleurent.

⁂

Une femme ne sait bien faire que lorsqu'il s'agit de mal agir.

⁂

Si vous aviez perdu toutes vos illusions, vous ne marcheriez pas si vite.

Bien vivre, c'est conserver l'estime de soi.

※

Je ne voudrais certes pas changer, au point de ne plus me reconnaître.

※

D'avoir mis l'homme à la merci des femmes, c'est un reproche que l'on peut faire à Dieu.

On croit devoir prêcher aux masses le renoncement, mais moi, j'attends que Messieurs les gens riches commencent.

○❈○

Je serais moins heureux, si j'étais sans regrets.

○❈○

Quand on est assuré d'avoir mal agi, on ne peut s'en consoler par des paroles.

On a certainement de la piété, si l'on en peut quelquefois parler.

※

Les femmes appartiennent surtout à ceux qui croient qu'on peut les prendre.

※

O temps inexorable ! tu as fait de moi un homme vieux.

Même ceux qui ont fait le moins, ont fait ce qu'ils ont pu.

⁂

Certains prétendent me connaître, et moi-même n'y parviens pas.

⁂

De même que l'on met aux chiens des muselières, les femmes dans certains pays ne sortent que voilées.

C'est une fière chance que d'être aimé pour ses défauts.

◦◈◦

Tâche de placer ton esprit au-dessus de toi-même, et tu te montreras moins dédaigneux.

◦◈◦

Si peu qu'on aime la vertu, on déteste forcément les femmes.

Certains ont l'excessive prétention d'être honnêtes, alors que leur visage ne l'est pas.

⁕

Tout ce qu'on peut complètement expliquer est nécessairement peu profond.

⁕

Vous qui croyez marcher lentement vers la mort, l'homme qui meurt très vieux vous dira qu'on y court.

Celui-là seul se connaîtrait qui ne cesserait pas de rougir de lui-même.

○⚜○

Quand on est arrivé à l'extrême bonté, on a atteint la plus haute clairvoyance.

○⚜○

Les femmes sont comme les perroquets, qui, tout en ne paraissant pas vous regarder, savent se retourner pour vous mordre si vous tentez de les agacer.

Je déplais assez aux gens vulgaires, pour croire que je ne suis pas sans qualités.

○❦○

A moins de n'être pas comme les autres, personne ne peut se dire roi.

○❦○

La masse étant impuissante à s'élever, on ne doit se préoccuper que de remplir les ventres.

Une femme qui ne cesse de dire qu'elle vous croit des talents, vous invite à le lui prouver.

⁂

Je regrette le temps où je me croyais pareil aux autres, je pensais alors pouvoir être heureux.

⁂

On ne peut dire qu'on se connaît que lorsqu'on s'améliore.

Les femmes sont assez peu difficiles, pour être assez souvent contentes d'elles-mêmes.

Il faut même arriver à se vaincre sans jamais même se féliciter.

Quand on sait trouver de belles paroles, on est plus confus d'avoir mal agi.

Si les malheurs ne cessent de t'accabler, tu deviendras heureux plus vite.

o≼≽o

Quand la sérénité vient habiter ton âme, tu sors pour un moment du monde de l'erreur.

o≼≽o

Le moyen de trouver les femmes moins rusées, c'est de savoir qu'elles sont sans scrupules.

On fouillera toujours le cœur des femmes, sans se douter qu'il n'y a rien.

⁂

Si la nature poursuit son but, tu n'en poursuivras jamais d'autres.

⁂

Celui qui emploie le mieux son temps, aura plus tard à exprimer des regrets.

Quand un homme a de l'attrait pour les femmes, c'est qu'elles flairent que c'est un bouc.

⁂

Pour contraindre les autres à se montrer plus gracieux, il est bon quelquefois d'avoir l'air hautain.

⁂

Ce qui peut affliger le plus un homme juste, c'est de se souvenir qu'il s'est montré ingrat.

Si peu qu'un homme aime l'argent, il se montre atteint de folie.

On comprend imparfaitement la musique, quand on est trop souvent joyeux.

Comme la capricieuse lune, la vérité se cache souvent après s'être montrée.

Lorsque les femmes ne parlent pas, c'est alors qu'elles mentent le plus.

❀

Si vous n'êtes vraiment qu'un peu sot, les gens qui s'en apercevront seront très peu nombreux.

❀

Cela peut consoler vraiment du célibat, de penser qu'on n'est jamais mieux aimé que par soi-même.

La haine héréditaire est la seule qui m'en puisse imposer, toute autre à mes yeux est mesquine, n'ayant de durée qu'une vie.

On peut bien s'élever jusqu'au génie, mais on conserve néanmoins sa sottise.

Se peut-il qu'un homme soit assez inconscient pour ne pas savoir qu'il est fou ?

L'on dit bien que les femmes sont douces, mais les chats aussi ont le poil soyeux.

Tant certains ont besoin d'être heureux, qu'ils aiment mieux s'abandonner à l'autorité d'un autre que chercher à se développer.

C'est une preuve qu'on s'améliore lorsqu'on fuit souvent ses amis.

Quand une femme ne joue pas la comédie, vous pouvez être assuré qu'elle dort.

On n'arrive souvent à la fortune que pour perdre l'espoir d'être heureux.

Lorsqu'on prétend savoir, c'est qu'on est un peu sot.

Que certains sachent bien que la musique des moucherons n'arrive pas à mon oreille.

※

Celui qui n'a que de l'estime pour une femme, arrivera forcément à s'en faire détester.

※

La fatuité féminine n'admet point qu'on puisse mal parler des femmes, sans y être poussé par le ressentiment.

C'est parce qu'il y a dans votre art une trop grande netteté, que vous ne pouvez arriver à l'harmonie.

◦❧◦

Certains aiment à ce point la solitude, que, si vous ne pouvez éviter de les rencontrer, ils se mettront à vous haïr.

◦❧◦

Le maximum de la méchanceté, seule, une femme peut l'atteindre.

Quand on est trop affamé de vie, on doit se méfier de la débauche.

Celui-là peut savoir qui vous êtes, qui sait le mieux vous regarder.

Sans être capable de sacrifice, on n'est jamais un raffiné.

Le seul fait d'être beaucoup porté à l'action prouve qu'on est surtout enclin à croire.

⊙❊⊙

Ceux qui n'ont pas lieu de s'estimer beaucoup, se persuadent que les autres valent moins.

⊙❊⊙

Lorsqu'une femme se donne, elle achève de se donner.

Ce n'est pas un miracle que d'arriver à croire en Dieu, mais c'en est un que de croire à l'infaillibilité de certains dogmes.

⁕

S'aiment-ils vraiment, ceux qui ne parvinrent jamais à s'élever.

⁕

Si je pouvais changer mon enveloppe, on verrait bien que je ne suis pas devenu vieux.

En sachant que Dieu ne se trompe jamais, on devine bien qui a fait la femme.

⁂

Quand les femmes cherchent moins à vous plaire, elles ont acquis la preuve que vous les connaissez mieux.

⁂

L'homme ne tend qu'à s'élever, mais la femme, pour le dominer, aux plus bas instincts le ramène.

Ceux qui remplissent de vilains rôles, ont peu de peine à les jouer.

○※○

Le cœur le plus dur ne peut être que d'une femme.

○※○

Ce n'est pas en dépensant beaucoup d'argent qu'un homme peut arriver à mener une vie large, mais en ayant toujours la vision de l'au delà.

Comme si l'homme n'était qu'un animal, il ne rencontre jamais que des femelles.

C'est qu'on est bien comme les autres, quand on peut vivre sans penser.

Quand on sent bien qu'on va mourir, on ne s'éteint jamais sans croire.

Il arrive toujours qu'avec le temps on se console avec du soleil.

L'excessive bonté qui est en moi me prouve bien que mes ennemis sont des sots.

Le fait d'être inconsolable prouve que l'on croit peu à l'autre vie.

En regrettant de n'être pas devenu meilleur, on prouve qu'on s'est sensiblement amélioré.

⁕

Il faut être à ce point scrupuleux qu'on ne puisse plus fréquenter le monde.

⁕

Souhaitez de vous développer, au point de n'avoir plus besoin des livres.

Ceux qui s'abandonnent le moins aux rêves sont ceux qui ne cessent pas de rêver.

⚜

En voyant ce que sont les femmes, on est moins fier d'être un humain.

⚜

Si je pouvais arrêter le mouvement de la terre, je deviendrais peut-être ambitieux.

Les hommes sont si vivement animés, qu'on voit que l'illusion mène le monde.

On sait le peu d'intérêt qu'offre la vie, quand on se met à poursuivre la perfection.

Ce que vous deviendrez, même en fouillant les sables et les ronces, jamais aucun mortel ne le révélera.

Je voudrais qu'on puisse procréer en cueillant des roses, et non pas en se plongeant dans un bourbier.

***

Je ne sais quel homme osa dire ceci : Les femmes, c'est de la canaille, et c'est pour ne pas être forcé d'accepter cette définition que l'on convient de les croire folles ou sottes.

***

J'ai toujours eu de la haine pour les femmes, mais je n'ai pu jamais en détester.

Sans la femme, l'homme se serait élevé beaucoup plus haut.

On ne conçoit jamais que le Dieu qu'on mérite.

Ce qui prouve que les hommes sont bons, c'est que les femmes versent souvent des larmes.

Quand on aspire trop à la justice, on voit sans peine diminuer ses jours.

❖

Si j'ai si souvent le dégoût de moi-même, c'est que j'ai des minutes de sainteté.

❖

C'est de croire qu'on sera pardonné, qui prouve bien qu'on le mérite.

Cette, mars 1897.

Telle est ma nature qu'en moins d'une année j'ai changé au point d'avoir maintenant des idées toutes contraires.

Que les femmes soient pour moi charitables.

Je soutiens aujourd'hui que la femme qui est bonne vaut mille fois mieux que l'homme le meilleur, et en disant cela je suis on ne peut plus sincère.

E. P.

Les poètes ne cessent pas de s'attacher à la vérité, qui malgré eux les fascine comme un point lumineux.

Ceux-là souffrent réellement de ne pouvoir s'élever, qui semblent vouloir remonter d'où ils sont descendus.

Les yeux des amoureux font mieux que la meilleure des saisons pour embellir la nature.

Les paresseux ont cet avantage qu'ils sont souvent pris pour des philosophes.

·······

Les amoureux ne se regardent de si près que pour arriver à mieux se voir dans leur imagination.

·······

Un sage sera toujours contraint par le nombre des fous à partager quelque peu leur folie.

C'est à ce point que la femme sait dissimuler, qu'il ne vous servira de rien d'avoir les meilleurs yeux.

⁂

Heureusement pour les heureux, qu'ils cessent quelquefois de l'être.

⁂

De même que pour exceller au tir il faut avoir usé force cartouches, il faut avoir usé bien des sottises pour avoir quelque peu de raison.

On ne peut s'étonner de son sort, que si l'on n'a pas profondément réfléchi.

* * *

Les amoureux qui font des phrases ont un bien moins grand culte pour l'amour que pour eux-mêmes.

* * *

Un sot peut quelquefois être assez effronté pour être l'un de vos proches parents.

Le mariage n'empêche point qu'une femme ne soit un peu confuse, de subir les étreintes de celui qu'elle n'aime pas.

L'amour ne nous prouve-t-il pas que pour être heureux il faut devenir fou ?

Il s'estimera désormais beaucoup plus celui qui s'est senti aimé.

Le bourgeois sait si bien se juger lui-même, qu'il s'estimera bien moins pour ce qu'il est que pour ce qu'il a.

Les gens riches sont en général jaloux de ceux qui brillent de leurs propres feux.

Celui-là est vraiment un homme à qui sa propre amitié suffit.

Peut-être que les séducteurs ne parviennent pas à se faire aimer, et qu'ils n'inspirent jamais que des moments d'ivresse.

D'un amoureux vraiment heureux, est-ce qu'on peut dire qu'il se trompe ?

Entre deux amoureux le plus embarrassé l'est moins.

La femme qui n'a jamais senti l'amour, est comme un canard qui n'aurait jamais vu l'eau.

⁂

Qui peut plus qu'un ambitieux avaler des verres de boue ?

⁂

On ne peut douter que les *pleins de soupe* ne soient le plus souvent pleins d'eux-mêmes.

La prétention de vouloir élever les masses donne la preuve qu'on ne les a point fréquentées.

❖

Il n'est pas de meilleur médecin pour un amoureux, que la femme qu'il aime.

❖

Si tous les honnêtes gens qui sont dans le monde arrivaient un jour à se grouper, je me demande s'ils seraient assez nombreux pour se distraire.

Trop vertueux, on paraît fou.

※

L'amour est une passion si forte, que les plus affamés de vie en arrivent quelquefois à le repousser.

※

L'homme est bien moins homme que la femme n'est femme ; elle a sur lui cette incontestable supériorité, qu'étant plus accusée dans son sexe, elle est pour ainsi dire plus achevée, plus complète, et par conséquent, en tant qu'être, bien plus puissante que lui.

Les seules femmes qui parviennent à se développer, sont celles qui deviennent de plus en plus femmes.

o×o

J'ai cette opinion que, parmi les oisifs, se trouvent les meilleurs garçons.

o×o

Celui-là n'aime pas véritablement, qui ne sent pas qu'il en pourrait mourir.

Certains sont même quelquefois assez nuls pour ne pouvoir essayer de paraître modestes.

⁓⚜⁓

A la durée de ton amour tu pourras mesurer la capacité de ton âme, et juger aussi de la force de ton esprit.

⁓⚜⁓

Ce n'est pas sans profanation, qu'on se révolte contre la fatalité.

Il faut souvent de tels efforts pour conserver une fortune, qu'on peut quelquefois se réjouir de n'avoir pu y parvenir.

On peut acquérir de la considération avec de l'habileté, on n'arrive pas ainsi à jouir de sa propre estime.

La femme n'aspire à s'élever, que pour mieux vaincre l'homme.

On se dérobe le plus souvent lorsqu'on prétend s'être résigné.

o❦o

Quelles que soient les passions qui l'aient agité, la vie d'un homme qui n'a pas aimé est toujours insignifiante.

o❦o

C'est pour ne pas savoir combien ils sont vides, que certains ne cessent pas de travailler toute leur vie.

La femme qui vit dans une perpétuelle chasteté, semble subir un châtiment qu'elle mérite.

Devant la femme qui aime, l'homme le plus généreux paraît petit.

C'est dans leurs beaux moments de silence que les amoureux puiseront plus tard leurs souvenirs.

Ce n'est qu'en écoutant la parole des femmes, que souvent affligé j'ai pu me consoler.

Cette, août 1898.

Montpellier. — Imprimerie centrale du Midi.

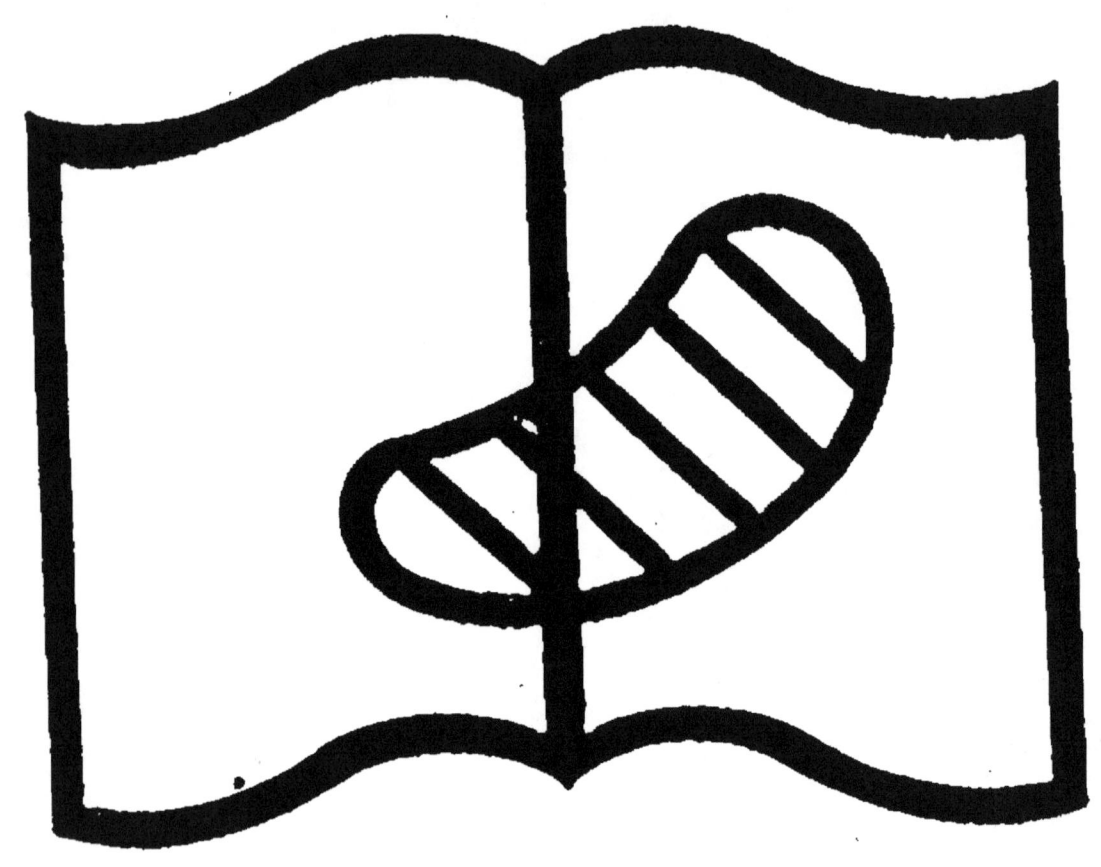

Original illisible

CHEZ LE MEME ÉDITEUR

| | fr. | c. |

Notes sur la vie, par E. PONTICH, in-16 carré. Prix.................................. 1 »

Traité d'analyse chimique, micrographique et microbiologique des eaux potables, par ZUNE et BONJEAN (2me édition, revue et augmentée par Edmond BONJEAN, Chef du Laboratoire du Comité consultatif d'hygiène publique de France). — Paris, 1900, 1 vol. in-8°, LVI-380 pages, avec 2 planches coloriées. Prix...................................... 10 »

Traité de séméiologie médicale, par le Docteur Paul SUARD, professeur à l'École de médecine navale de Toulon, 1900, 1 vol. in-8° jésus, 698 pages avec ...res. Prix................................... 16 »

Détermination des Pouvoirs ... en matière d'hygiène, par ... FILLASSIER, Paris, 1900, 1 vol. Prix...................................... 12 »

Pathogénie, Diagnostic et Traitement des Arthrites à pneumocoques, 1900, 1 vol. in-8°, 137 pages. Prix. 4 »